JUGEMENT

SUR

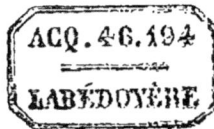
BUONAPARTÉ,

PAR

LE GÉNÉRAL DUMOURIEZ.

EXTRAIT DE *L'AMBIGU* DU 10 AVRIL 1807.

PARIS,

LE NORMANT, IMPRIMEUR - LIBRAIRE.

1814.

JUGEMENT

SUR BUONAPARTÉ.

Si l'on juge Buonaparté par ses succès, c'est un grand homme; si l'on dépouille de ses succès ce qui appartient à la fortune, c'est un aventurier heureux dont toute la conduite militaire et politique est désordonnée, excentrique, téméraire, dont les combinaisons fausses et imprudentes auroient dû, dès ses premières entreprises, produire des résultats funestes.

Il rappelle un vers heureux contre La Harpe:

Tombé de chute en chute au trône académique.

Buonaparté s'est élevé de crime en crime, de faute en faute, au sommet de la gloire et de la puissance. Tout a réussi à son audace, parce que le continent était mûr pour la révolution qu'il y a opérée. Il n'a trouvé aucun cabinet assez fort pour arrêter son machiavélisme, aucun général assez habile pour résister à ses armes. Toutes les puissances du continent ont fourni les pierres dont est formé le piédestal de ce colosse. Sa carrière a été brillante, mais facile.

S'il eût su s'arrêter après la paix d'Amiens; s'il n'eût pas affublé sa tête ardente de la couronne de fer; s'il eût éloigné de son front audacieux le diadême impérial, teint du sang de l'intéressant duc d'Enghien; s'il eût pardonné Pichegru et Georges; si, étouffant une basse jalousie, il eût laissé Moreau enseveli dans les délices de *Grosbois*; si, fermant le temple de Janus, il eût laissé la France jouir d'un repos glorieux, acheté par des victoires éclatantes; si, se livrant aux arts de la paix, il eût cherché à réparer les calamités d'une sanglante révolution, dont il pouvait faire disparaître les horribles traces; s'il eût travaillé a rétablir le commerce, l'agriculture, les mœurs, la religion: s'il eût couronné cette carrière de bienfaisance par le sacrifice de son ambition immodérée, en faisant remonter l'héritier légitime sur un trône raffermi, purifié des abus de l'ancien gouvernement et des souillures de l'anarchie, alors Buonaparté eût été le plus grand homme que l'histoire passée, présente et future, eût présenté à l'admiration des siècles.

Son caractère était trop violent, son âme trop orgueilleuse, ses désirs trop abjects pour s'élever à la gloire par l'héroïsme de la vertu. C'est un homme extraordinaire, ce n'est pas un grand homme; ce n'est pas un homme célèbre, il n'est que fameux.

L'énergie de l'Empereur Alexandre, qui va certainement devenir le vengeur de l'Europe, le courage inébranlable des troupes russes, l'habileté et la constance du général Benningsen ont détruit en Pologne le prestige d'invincibilité que la terreur crédule attachait à son nom, ont dessillé les yeux de toute l'Europe, et donnent l'espoir bien fondé de voir sa gloire et sa puissance éclipsées, après l'avoir rendu, pendant quelques années, le fléau du monde. Enivré par ses succès, il aura le sort des Attila, des Genseric, de mille autres conquérants plus habiles et peut-être moins injustes, moins cruels que lui; leurs vices étaient les vices de leurs siècles et des hordes barbares dont ils étaient les chefs et les souverains *légitimes*.

Buonaparté, ayant reçu une éducation libérale par la noble charité du Roi de France, porté au commandement des armées par une révolution inouïe, élevé au trône de ses bienfaiteurs, de ses créateurs, par l'aveuglement d'une nation en délire, qui a vérifié la fable des grenouilles demandant un roi, non-seulement a eu l'impudence de s'y asseoir, mais y a joint la lâcheté féroce et inutile de le teindre du sang de cette auguste famille; et trouvant ensuite son lot trop mesquin dans ce partage des grandeurs humaines, il a aspiré à la monarchie universelle.

Etranger à la France et à l'humanité, fléau de l'univers, bourreau de la nation que la terreur et la sottise lui ont asservie, il sacrifie, avec joie, la génération présente des Français à sa féroce ambition. Que restera-t-il à la France lorsque cette sanglante comète aura cessé d'incendier le monde? Une source de guerres perpétuelles, une démoralisation totale et le gouvernement d'Alger. Que lui restera-t-il à lui-même de tous ses triomphes, de tous ses crimes? Des remords dévorants, s'il vieillit sur le trône; l'exécration publique, s'il en tombe.

L'opinion publique, cette sotte reine du monde, ne juge que par les succès. Il faut tâcher de la mettre d'accord avec la raison, et lui faire connaître la fausse grandeur de son idole. Antigonus disait qu'il n'y avait point de héros aux yeux d'un valet de chambre. Le bon sens est le valet de chambre des hommes en place; il les déshabille, et montre leurs défauts à nu.

Buonaparté est l'enfant de la fortune, son plus grand talent vient de ce qu'il en est persuadé. Au lieu de réduire sa célébrité à sa vraie mesure, on a tout attribué à son génie supérieur; de là est résultée l'opinion de son invincibilité et de l'inutilité de la résistance.

Sa politique est précipitée, fausse, indiscrette; sa science de gouvernement est arbitraire, injuste, violente; il ne connaît ni les lois, ni les finances, ni le commerce. Il ne sait que dépenser follement, ruiner, détruire.

Il lui reste donc son talent militaire. Mais ce talent si vanté, et si heureux jusqu'à l'année 1807, peut être contesté. Aucune de ses victoires n'a été le fruit de l'art ; il aurait dû perdre toutes ses batailles, si les généraux ennemis avaient su profiter de ses témérités. Son expédition d'Egypte, sa pointe en Styrie, sa guerre de Saint-Domingue, la position de ses escadres, ne sont que des tissus de faux plans, ou de mauvaise conduite. Les Anglais seuls, jusqu'à l'année 1807, lui ont donné quelques corrections.

Il paraît que la Providence réservait à l'Empereur Alexandre le mérite d'arrêter ce torrent. C'est donc à cette époque qu'on peut commencer à asseoir un jugement sur le faux éclat de gloire qui a accompagné Buonaparté, jusqu'à celle à laquelle cette même Providence a vraisemblablement fixé sa punition.

On n'entrera pas dans l'analyse de toutes les phases de sa célébrité ; l'examen de sa conduite, en 1805, 1806 et 1807, suffira pour l'apprécier à sa juste valeur.

On n'examinera, avec quelques détails, que les trois dernières guerres de Buonaparté : celle de 1805, contre l'Empereur d'Autriche ; celle de 1806, contre le Roi de Prusse ; celle de la fin de 1806 et de 1807, contre la Russie.

Iʳᵉ ÉPOQUE.

GUERRE CONTRE L'AUTRICHE.

La rapidité et l'audace ont fondé la gloire et les succès de cette guerre de deux mois, sans que l'art militaire y ait eu aucune part d'un côté ni de l'autre. C'est à qui ferait le plus de fautes. Les Autrichiens avaient l'avantage de l'attaque, mais ils n'en ont pas profité ; et, se livrant à leur lenteur ordinaire, ils ont donné à Buonaparté le temps de rassembler sur le Haut-Rhin, non-seulement les troupes placées le long de ce fleuve, mais aussi celles de la Hollande, des côtes et de l'intérieur, qu'à la vérité l'Angleterre aurait pu forcer à rester en arrière, si elle avait mis en mer, pendant l'été, des escadres légères, avec quelques troupes de débarquement, pour menacer les côtes de la Manche, et particulièrement la Hollande et le port de Boulogne.

Buonaparté, dégagé de cette inquiétude par l'inaction de l'Angleterre, et de toute crainte du côté du Nord de l'Allemagne, par la funeste neutralité de la Prusse, dont il s'é-

tait assuré par la corruption, publiquement
reconnue, du ministère prussien ; ayant pourvu
à la sûreté de l'Italie, en renforçant Masséna,
a donc pu porter ses forces et son point
d'attaque sur la Souabe.

L'occupation d'Ulm par les Autrichiens
était une mesure bien prise. Cette place d'armes
était bien choisie pour une guerre d'agres-
sion à commencer sur le Rhin ; mais il fallait,
1°. s'assurer de la Bavière, en gardant l'électeur à Munich, ou l'envoyant à Vienne, près
de l'Empereur; 2°. en désarmant l'armée ba-
varoise, ou l'incorporant; 3°. en mettant garnison autrichienne dans Passau et Ingolstadt ;
4°. en portant le corps d'armée que com-
mandait le général Kienmeyer dans le Haut-
Palatinat, dans l'excellent camp de Schellenberg au-dessus de Donawert, qui eût couvert
les magasins de Neubourg, Augsbourg et
Günsbourg.

Ulm devait être bien fortifié, mis en état
de soutenir un siége, en cas que, par le hasard des opérations, on fût obligé, ou de
reculer ou de changer le théâtre de l'offensive; mais il fallait bien se garder d'y tracer
un front de lignes jusqu'à Memingen. Les

lignes, pour couvrir une étendue de pays, sont
depuis long-temps réprouvées par les gens de
l'art ; elles ne servent qu'à intimider l'armée
qui les défend ; et elles sont toujours percées
quand on les attaque. Des lignes ne demandent
qu'une attaque brusque ; une place exige un
siége, c'est au moins du temps gagné. Il fallait
donc n'établir que la place d'Ulm, avec une
garnison de dix à quinze mille hommes, et
un général intrépide, qu'on aurait, dans tous
les cas, livré à lui-même.

Pendant que le général aurait travaillé,
avec cette forte garnison, à mettre sa place en
parfait état de défense, l'armée du général
Mack aurait dû s'avancer rapidement dans le
Wurtemberg, brusquer le fort de Kehl et
Bâle, et se placer sur le Rhin ; pendant ce
mouvement audacieux, mais conséquent, les
troupes du Voralsberg, du Tyrol, devaient
pénétrer par la Suisse et les Grisons ; menaçant,
par le pendant des montagnes, les derrières de
Massena, que l'archiduc Charles aurait attaqués
vigoureusement en front, en passant l'Adige.
Les divisions russes, arrivant successivement,
auraient considérablement renforcé le camp
de Schellenberg ; et le Roi de Prusse, entraîné

par cette ouverture de campagne vigoureuse ;
non-seulement n'aurait pas livré passage au
travers de ses Etats aux troupes françaises ;
mais, secouant la perfidie de ses ministres,
aurait masqué Mayence et menacé le Bas-
Rhin.

Le changement du genre de guerre, dès son
principe, et la partiale neutralité du Roi de
Prusse, ont secondé l'audace de Buonaparté ;
il a poussé en avant sans aucune précaution,
il n'en avait pas besoin ; il a continué sa route,
sans obstacle, le long de la rive gauche du Danube, laissant en Souabe une force qui menaçait le front des lignes entre Ulm et Memingen.
C'est alors que l'incapacité de Mack a encore
aidé la témérité de son ennemi : il avait un
grand fleuve entre lui et l'armée française.

Si, laissant Ulm garni, et détruisant le reste
de ses lignes, il eût marché le long du Danube,
par la droite ; s'il eût en même-temps renforcé
le camp de Schellenberg avec une partie des
troupes qui étaient inutiles dans le Tyrol,
Buonaparté n'eût pas pu traverser le fleuve
devant lui ; ou, s'il eût réussi, le général Mack
se serait posté derrière le Lech, et eût pu défendre pied à pied la Bavière, bien sûr de

recevoir à temps les renforts du camp de Wels et les divisions russes.

Au lieu de cela, il a attendu l'ennemi dans ses lignes, qui ne valaient plus rien, puisqu'elles étaient tournées; et il a été pris. Dès lors, les troupes du Voralsberg et du Tyrol, se voyant coupées, n'ont cherché qu'à fuir; et tout a été abandonné, malgré le courage de l'archiduc Jean, qui n'a pas pu arrêter cette terreur panique. En général, ces archiducs Jean et Ferdinand, à l'exemple de l'archiduc Charles, qui seul, parmi les généraux autrichiens, a soutenu sa réputation, ont déployé, dans cette courte guerre, une énergie et des talents qui doivent fonder l'espoir du chef de leur auguste maison, dans la guerre inévitable qu'il doit recommencer, pour son honneur et et sa sûreté contre le tyran de l'Europe.

La perte d'une armée, l'abandon de l'Italie, au sein de la victoire, la fuite en Bohême, la prise de Vienne, la neutralisation de la Hongrie, ont été les suites de ces premières erreurs. Enfin on s'est arrêté à Austerlitz pour y donner une bataille, qui seule pouvait sauver Buonaparté, qui, par sa marche triomphante et téméraire, s'était placé au fond de la nasse.

Il se trouvait à deux cents lieues de ses fron-
tières, sans forces suffisantes pour couvrir,
par échelons, cette trop longue communication.

Les deux armées manquaient également de
subsistances en Moravie. Une bataille ne donne
pas du pain, de quelque manière qu'elle tourne.
Si, au lieu de décider en un jour du sort de
l'Autriche, l'armée combinée, jetant une garnison dans Olmutz, et laissant un corps d'ob-
servation dans le duché de Teschen, eût
marché par sa droite, comme pour couvrir
Prague et Egra, et se fût jetée brusquement
dans le Haut-Palatinat, où elle aurait trouvé
des vivres; si elle eût continué sa marche rapide sur Nuremberg et Ratisbonne, et eût
occupé le camp de Schellenberg à cheval sur
le Danube, Buonaparté eût été forcé d'abandonner Vienne et la Bavière, pour ne pas être
coupé de la Souabe et du Rhin, et enfermé
dans un pays sans vivres; il eût été suivi, dans
sa retraite, par l'archiduc Charles et par l'insurrection hongroise, dont la neutralité eût
été rompue par le fait de sa retraite précipitée.

Ainsi cette brillante campagne, bien loin

d'être un chef-d'œuvre de l'art, est l'opéra-
tion la plus téméraire, la plus contraire aux
véritables règles de la guerre, et à la conduite
d'un général sage et expérimenté ; et si elle
avait eu le résultat que méritait son impru-
dence, le conquérant eût fini par être poi-
gnardé par ses propres soldats, ou puni par
une nation abusée, et victime de ses projets
fougueux.

IIe ÉPOQUE.

GUERRE CONTRE LA PRUSSE.

CETTE guerre, encore plus courte et plus
décisive que la précédente, avait été prévue et
prédite par un observateur expérimenté, qui
avait fait passer au Roi de Prusse trois lettres,
que cet infortuné monarque n'a peut-être
jamais lues ; dans ces lettres, on lui traçait ses
dangers imminents, et les funestes résultats de
sa conduite.

Son traité d'échange du pays d'Hanovre
avait scellé son déshonneur, et complété sa
perte, en l'isolant de tous ses alliés naturels.
Sa confiance dans une armée qui conservait

plus de réputation que de force réelle, l'a persuadé qu'il pouvait seul lutter contre une nation enorgueillie de ses victoires. Brouillé avec l'Angleterre et la Suède, il a encore dédaigné les secours de la Russie. Mais ce qui a achevé sa perte, c'est le système de guerre qu'il a adopté.

Quoique Buonaparté eût laissé hiverner cent cinquante mille hommes dans l'Allemagne méridionale, il n'était prêt nulle part pour la grande attaque dont il menaçait la Prusse. Il n'avait encore rien rassemblé sur le Bas-Rhin ; et ses divisions, partant de la Bavière et de la Souabe pour se rassembler sur le Mein, s'y rendaient les unes après les autres, sans ensemble, et avec le désordre de marches précipitées dans une saison avancée.

Puisque le Roi de Prusse comptait si fort sur l'excellence de son armée, il aurait dû commencer l'offensive par l'envoi d'un corps de cinquante à soixante mille hommes sur Francfort et Wurtzbourg ; alors il aurait, ou fait reculer, ou battu l'une après l'autre ces divisions isolées. Le reste de son armée serait venu soutenir cette première offensive ; et il aurait établi le théâtre de la guerre en Fran-

conie, aux dépens des puissances de la Confédération du Rhin; il eût couvert ses deux
alliés, la Saxe et la Hesse; et il eût soumis, au
moins pour quelques mois, son fougueux
ennemi à une guerre défensive très-dangereuse.

N'admettant pas ce plan vigoureux, dont
le grand Frédéric lui avait donné l'exemple,
il aurait dû au moins rassembler son armée à
la tête du Turinger-Wald, pour couvrir le
débouché de Hoff, et garantir la Saxe. Cette
localité était bien plus aisée à défendre que la
forêt de l'Argonne en Champagne; et il avait
bien plus de troupes et de bien meilleures
troupes à opposer à l'invasion que Buonaparté
pouvait tenter, que les Français n'en avaient
pu opposer à Frédéric-Guillaume en 1792.
L'ennemi, arrêté dans son mouvement, à sa
droite et à son centre, aurait été forcé, 1°. de
changer entièrement le front de son attaque;
2°. de la verser entièrement de la droite à la
gauche, de dresser sa ligne offensive par le
pays de Fulde, la Hesse et la Westphalie;
par conséquent, donner le temps à l'armée de
Hollande de s'assembler sur le Bas-Rhin, et de
pénétrer par le pays de Munster pour former
l'aile gauche de la ligne d'attaque.

2

Le Roi de Prusse aurait gagné tout le temps de l'hiver, pendant lequel il aurait pu, 1°. se raccommoder avec l'Angleterre, en cassant sur-le-champ son indigne traité d'échange, et lui restituant le pays d'Hanovre, que le Roi d'Angleterre se serait trouvé engagé à garnisoner et défendre lui-même; s'assurer de la part de la Russie, non pas d'un secours insuffisant, comme il l'avait demandé et presque accepté avec répugnance, mais d'une grande armée, qui, jointe aux Saxons, aurait pénétré en Franconie, débordant la droite de l'armée française, aurait enlevé Wurtzbourg et Francfort, et aurait menacé Mayence; 3°. par un quart de conversion à droite, présenter un front parallèle à la ligne d'attaque de Buonaparté, ayant son aile droite formée du Roi de Suède, d'un corps russe et des Anglais, comme en 1805, et sa gauche, de l'armée hessoise.

Cette disposition générale aurait démontré toute la témérité du plan d'attaque de Buonaparté, et aurait donné la juste mesure de ses talens militaires, dont ses succès, en voilant ses fautes, exagèrent l'opinion.

Au lieu de ce système sage et méthodique, le Roi de Prusse, entraîné par son mauvais

destin, a voulu confier le sort de ses Etats et
sa couronne au hasard d'une bataille générale.
Il a commencé par permettre la défection,
sous le nom de neutralité, de l'électeur de
Hesse, qui n'est que trop puni de sa lâche
crédulité. Par-là, il s'est privé du secours de
trente mille hommes d'excellentes troupes,
d'un grand trésor en numéraire, qui eût été
bien employé à défendre la liberté de l'Allemagne contre Buonaparté, et qui a été enlevé,
à titre de punition, ainsi que les Etats et l'honneur de ce malheureux prince; tant il est vrai
que de l'argent ramassé est un malheur de plus
pour un prince qui ne sait pas le dépenser à
propos!

Par la défection de l'électeur de Hesse, le
Roi de Prusse a eu son flanc droit découvert,
et a concentré son armée dans une ligne de
défense très-resserrée sur le territoire du seul
allié qui lui restait, l'électeur de Saxe. Par
l'abandon de Turinger-Wald, et par la
molle et timide défense du débouché de Hoff,
il a ouvert le chemin de Dresde à l'ennemi, et
lui a procuré le moyen de déborder et de
tourner sa gauche. Il a sacrifié inutilement le
prince Louis, le héros de sa race, dont la

2.

division trop faible ne répondait point à la grandeur de son courage, et qu'une mort glorieuse, mais prématurée, a enlevé à l'armée qui l'adorait, peu de jours avant une bataille dont il aurait pu changer le sort.

Cette bataille était décidée d'avance dans le conseil du Roi de Prusse, et son plan était peut-être déjà communiqué au vainqueur par ses infidèles ministres. Jetons un voile sur les détails affligeants de cette funeste journée. Ne nous appesantissons pas sur l'abandon de la Sala, des magasins de Naumbourg et des défilés au-dessus de cette ville. C'est dans les champs d'Auerstadt et d'Yéna qu'a été enterrée la monarchie prussienne et l'honneur de la célèbre armée du grand Frédéric. La déroute a été complète quinze jours après, il n'existait plus que le corps du brave général Blucher, qui seul a succombé avec gloire. Magdebourg, Spandau, Stettin, Custrin, Hameln, ont à peine attendu la sommation du vainqueur; pas un coup de canon n'a interrompu le sommeil des traîtres ou lâches commandants qui les ont rendues.

Tel est le tableau de la guerre de Prusse, qui montre dans le vainqueur moins d'habileté

que d'audace, et qui aurait terminé sa carrière de gloire, et aurait anéanti cè fléau du
Monde, si l'Autriche, débouchant en Franconie, derrière cette armée victorieuse, eût
arrêté le ,cours de ses triomphes, et pour sa
propre sûreté et sa propre gloire, eût sauvé la
Prusse par une diversion à laquelle Buonaparté
n'avait rien à opposer. A la vérité, l'Autriche
avait à reprocher au Roi de Prusse la même
timide apathie après la bataille d'Austerlitz.
Mais était-ce le moment de se venger? Indé-
pendamment des motifs de grandeur d'âme
et de noblesse, que les ministres n'éloignent
que trop de l'âme des souverains, et dont la
voix est toujours étouffée dans les conseils par
une politique étroite, froide et imprévoyante,
ne s'agissait-il pas du salut de l'Allemagne?
Y avait-il assez long-temps que l'Empereur
avait déposé sa dignité, pour avoir oublié qu'il
était le chef de l'empire?

IIIᵉ ÉPOQUE.

GUERRE DE POLOGNE.

En deux campagnes, Buonaparté avait ter-
rassé l'Autriche, anéanti la Prusse. La saison

était très-avancée. A sa place, un conquérant
sage (s'il en peut exister) se fût arrêté sur
l'Oder, au moins jusqu'au printemps, et eût
employé son hiver à organiser l'Allemagne, à
s'assurer aussi parfaitement de la soumission
de l'Autriche que de celle des souverains *éphé-
mères*, ses humbles vassaux, attelés à son
char, sous le nom de Confédération du Rhin;
il eût partagé ses conquêtes entre ses favoris;
il eût achevé de soumettre les places de la
Silésie; il eût pareillement pris, avant l'arrivée
des Russes, Dantzick et Colberg; il eût enlevé
au Roi de Suède Stralsund; il eût laissé re-
poser son armée, il l'eût recrutée, r'habillée,
réarmée aux dépens des pays conquis; il eût
formé une armée allemande pour soulager et
renforcer la sienne; il eût négocié avec ses
ennemis, toujours atteints de la *pacifico-ma-
nie*, pour les diviser, les égarer, les intimider; surtout il eût caché ses projets ultérieurs pour les mieux préparer. Si sa tête
fougueuse eût pu se plier à une pareille conduite, c'en était fait de la liberté du Monde.

Ces projets ultérieurs méritent un dévelop-
pement. Leur étendue gigantesque a effrayé et
émerveillé toute l'Europe, au lieu de la réunir

contre leur exécution. La tête volcanique de
Buonaparté, comme celle de Méduse, a pé-
trifié tous les cabinets. Cependant ces projets
n'étaient encore que vagues, *même dans la
pensée* de Buonaparté, et il n'en est éclos un
plan que depuis l'heureuse issue de la courte
guerre de Prusse. Voici ce plan : anéantir
l'empire de Russie, ou contraindre l'Empereur Alexandre à faire une paix humiliante,
qui aurait été sur-le-champ suivie d'une
alliance, dont la dissolution de l'empire turc,
et son partage entre la France, l'Autriche et
la Russie eût été la base et le prix. Alors, pro-
poser à l'Angleterre la paix, aux conditions
de rendre Malte, le Cap de Bonne-Espérance,
les conquêtes dans les deux Indes, et la liberté
des pavillons. Sur le refus d'acceptation, qui
n'était pas douteux, engager tout le continent
de l'Europe dans une guerre navale contre *les
tyrans des mers*, sous le prétexte spécieux
d'assurer la liberté des pavillons et du commerce. En cas de réussite, Buonaparté se serait
trouvé chef d'une ligue *sainte*, et, réunissant
les trois marines du Nord à ses autres moyens
navals, aurait repris, avec plus d'activité, son
projet favori d'invasion, chimérique jusqu'à

présent, mais qui, par celte croisade, aurait acquis de la réalité.

Il fallait d'abord, ou gagner la Russie en l'intimidant par l'exemple récent de la rapide catastrophe de la Prusse, ou lui faire la guerre à mort, anéantir cette puissance, et la rejeter en Asie. Comme la négociation a manqué; comme, bien loin de se laisser effrayer ou égarer, l'Empereur Alexandre, avisé par le récent traité d'Oubril, non-seulement s'est résolu à la guerre, mais a empêché le Roi de Prusse de faire la paix ; comme il ne restait plus d'alternative à Buonaparté, il a adopté, avec la précipitation irréfléchie qui le caractérise, la partie de son plan qui devait anéantir une puissance qui osait lui résister, et s'opposer à l'exécution de ses projets ultérieurs.

Voici ce plan, tel que cet homme ardent l'a conçu, tel que les circonstances le déroulent successivement :

1. Le rétablissement du royaume de Pologne, qui aurait procuré cent mille hommes, irréguliers, à la vérité, mais soumis aux mouvements de son armée, aux ordres de ses généraux. (Il est à croire que le commandement des Polonais était la destination de

Massena). Il paraît aussi qu'on comptait fermement s'assurer de l'accession de l'Autriche au rétablissement de la Pologne, en lui donnant la Silésie en indemnité de la portion qu'elle avait gagnée par l'anéantissement de cet ancien royaume.

2. La déclaration de guerre de la Turquie, qui, se jetant sur la Valachie et la Moldavie, aurait débordé la gauche des Russes, chargée de la défense du Dnieper, du Bog et de l'Ukraine, et aurait coupé la communication de la Crimée.

3. L'attaque de la Géorgie, de la mer Noire et de la mer Caspienne par les Persans, dont la diversion aurait forcé l'Empereur Alexandre à tenir une armée en Asie, et aurait affaibli ses moyens de défense en Europe, en les divisant.

4. Un traité avec le Roi de Suède, qui lui aurait rendu et garanti la Poméranie Prussienne, la Livonie, l'Ingrie, la Finlande, enfin toute la bande du midi, de l'est et du nord de la Baltique, aurait fait de la Suède une grande puissance, et aurait réduit l'empire de Russie au point de faiblesse et de nullité où il végétait avant la naissance de Pierre-le-Grand.

5. Buonaparté, comptant toujours sur son invincibilité, et surtout sur le nombre de ses bataillons, se réservait la tâche qu'il croyait facile et assurée, de donner une bataille décisive, et de dicter ses lois dans Pétershbourg.

Ce plan est spécieux, il est vaste, il éblouit; mais il ne peut pas soutenir la coupelle de l'analyse, et le simple bon sens suffit pour en démontrer l'extravagance. Le temps des conquêtes est passé. Trente mille Grecs, commandés par le plus dangereux fou de la terre, Alexandre-le-Grand, partent de l'Europe, sans argent, sans magasins, ne portent que des armes et leur tactique; attaquent, en aventuriers, le Roi de Perse, maître de toute l'Asie, mais dont les vastes Etats étaient gouvernés par une constitution semblable à celle sous laquelle végète à présent l'empire ottoman; que Czerni-Georges, à lui tout seul, pourrait détruire, s'il le mettait dans sa tête, et que la politique de ses voisins le lui permît.

Les Grecs trouvent, dans cet empire, de l'or, des satrapes lâches ou traîtres. Tout cède à la terreur de leurs armes. Trois batailles suffisent pour changer la face de l'Asie; et l'invincible Alexandre, après avoir fait encore une pointe ridicule dans l'Inde, après avoir massacré tous ses amis, après avoir mis le feu à Persépolis, pour plaire à une courtisane, est vaincu lui-même par le luxe et les délices de l'Asie, et périt à trente-deux ans, victime de la débauche et de l'ivrognerie. Ses conquêtes deviennent la proie de ses féroces généraux, une source de guerres interminable; et *toute sa famille est massacrée.* Amen. Voilà ce qu'on nous apprend à admirer dans les colléges; voilà ce qui a tourné la tête de Buonaparté. Il est menacé d'avoir le sort final de son modèle; mais il ne conservera pas la même gloire, parce que son siècle est plus raisonnable.

Revenons à l'examen des cinq branches de son plan.

I.

Rétablissement de la Pologne.

Pour opérer le rétablissement du trône de Pologne, il eût fallu présenter d'avance à cette nation l'homme qu'on destinait à le remplir; que cet homme convînt à la nation, et par sa dignité personnelle, et par ses qualités connues, soit qu'il fût étranger, soit qu'il fût piaste. On a dit que Buonaparté voulait faire revivre

les droits de l'électeur de Saxe, et le porter
sur ce trône, en sacrifiant l'intéressante prin-
cesse de Saxe à la bigamie de son vilain petit
frère, Jérôme, qui, par-là, aurait régné sur
les Polonais. Je ne sais si Buonaparté a eu
réellement ce projet, au moins il n'a pas eu
l'impudence de l'annoncer publiquement.

Quelles que fussent ses vues à cet égard, pour
arranger cette royauté, il fallait insurger la nation
entière. La catastrophe du Roi de Prusse pouvait
engager les habitants de la partie de la Pologne
sur laquelle il régnait à une révolte partielle;
et c'est ce qui est arrivé. Encore, cette révolte
n'a pas été générale; et quelques mille hommes
seulement se sont présentés sur la proclamation
ampoulée de l'émigré Dambrowski, qui n'é-
tait pas assez considérable dans sa patrie pour
faire un effet général.

La partie de la Pologne appartenante à la
Russie n'a montré aucune disposition à se sou-
lever; au contraire, les hommes en état de
porter les armes ont été volontairement se
ranger sous ses drapeaux, et les propriétaires
se sont empressés de remplir ses magasins de
leurs denrées. Avant de pouvoir produire un
mouvement insurrectionnel, il aurait fallu

chasser de ces contrées les armées russes qui les
occupaient; et il fallait, de longue main, préparer les esprits par des négociations téné-
breuses, pour ébranler la fidélité des sujets.
Il ne fallait donc pas annoncer l'insurrection
avant de grands succès, puisque de grands
succès pouvaient seuls la produire.

La partie de la Pologne appartenante à
l'Autriche était surveillée avec la plus grande
vigilance par le cabinet de Vienne, qui, jaloux
de cette précieuse possession, ne pouvait
jamais être induit à l'échanger contre la Silésie.
1°. La possession de la Silésie serait devenue
aussi précaire qu'odieuse, si la guerre contre
la Russie avait mal tourné, ou si la mort avait
arrêté la carrière gigantesque du tyran de
l'Europe. 2°. La cession des provinces polonaises aurait cerné tout le nord des Etats autrichiens, par un Roi vassal de Buonaparté,
par une nation régénérée et inquiète; ce qui
aurait produit un effet moral funeste sur la
Hongrie et la Bohême; aurait entouré l'Empereur d'Autriche d'ennemis dévoués à leur
créateur; aurait rendu ses Etats pénétrables
par tous les côtés, et ne lui aurait laissé d'autre
ressource, pour conserver une existence avilie;

que de se jeter dans la Confédération du Rhin ; et de se faire, comme les autres, vassal du dominateur de l'Europe.

Buonaparté n'avait qu'un moyen de forcer la maison d'Autriche à l'échange de ses provinces polonaises contre la Silésie, c'était d'employer son hiver à prendre cette même Silésie toute entière, alors de la lui offrir, et d'appuyer sa négociation par le voisinage de son armée victorieuse, et de toutes les forces de la ligue du Rhin prêtes à envahir la Bohême et la Moravie. Alors, la même crainte d'une attaque brusque et générale, qui a engagé la cour de Vienne à changer la dislocation de son armée sur l'impérieuse réquisition du conquérant de la Prusse, l'aurait forcée à cet échange ; mais une fois ce péril passé, une fois la guerre de Pologne commencée, le cabinet de Vienne ne pouvait que rejeter une proposition si désavantageuse, et attendre les événements.

C'est ainsi que, par sa précipitation fougueuse et irréfléchie, Buonaparté a manqué la première branche de son plan, le rétablissement de la Pologne. Il en est résulté une insurrection partielle, mesquine, misérable, qui ne fait que l'embarrasser de quelques mille

hommes qu'il est obligé d'armer, habiller,
nourrir, solder, qui le suivront dans sa retraite,
et lui resteront à charge, jusqu'à ce qu'il trouve
quelque expédition coloniale pour s'en défaire,
et les enterrer.

II.

Diversion de la Turquie.

Aucune réflexion n'arrête la *pensée* de Buonaparté; gâté par la fortune, il ne peut pas se
mettre dans la tête que les choses puissent aller
autrement que son imagination les lui peint.
Sacrifiant les Turcs, comme les Polonais, à
l'exécution de ses plans gigantesques, il est bien
le serpent de Cadmus; mais ses dents ne pro-
duisent pas des armées sur le sol épuisé de
l'empire ottoman.

Incapable d'aucune réflexion, parce qu'elle
contrarierait la fièvre d'ambition qui précipite
tous ses mouvements, il a vu, *dans sa pensée*,
les janissaires d'Amurat, de Mahomet II et
de Soliman, comme il voit dans ses *masques*
du faubourg Saint-Marceau de *vrais* mam-
meluks.

Il devait cependant être instruit par ses
ambassadeurs à la Porte, par ses émissaires

voyageurs, que l'existence du Grand-Sei-
gneur est fondée sur l'opinion religieuse, et sans
force réelle; qu'il n'a ni troupes de terre, ni
marine; que ses janissaires sont en guerre ré-
glée avec les troupes organisées à l'européenne;
que ses troupes d'Asie, essentiellement mau-
vaises, peuvent être facilement coupées de
toute communication avec l'Europe, par la
marine anglaise et russe; que chaque pacha
est despote dans sa province, tels que le pacha
de Yannina; l'ayan de Ruschuck, Paswan-
Oglou; que les Serviens, les Valaques, les
Moldaves, les Bulgares, las des caprices et des
exactions de son divan, ont secoué son joug
encore plus faible que tyrannique; que l'Épire
et l'Albanie s'arment sous les drapeaux des
Russes; que l'empire de la mer Noire est entre
les mains des Russes, comme celui de l'Ar-
chipel entre celles des Anglais; que les deux
embouchures de la Propontide sont aisées à
forcer; qu'une armée russe peut arriver promp-
tement par la mer Noire, et débarquer près de
Constantinople; que cette capitale est toute
ouverte; qu'à l'approche des Russes, toute la
nation grecque se souleverait; que ce malheureux souverain, qui n'a ni ministres, ni géné-

raux, ne peut, en cas de guerre, devoir son salut qu'à la modération de l'empereur Alexandre.

Et c'est avec de tels éléments que Buonaparté arrange une diversion turque contre la Russie! et le faible sultan, trompé par son infidèle divan, s'allie contre la Russie, avec l'homme qui, peu d'années avant, lui a suscité des révoltes en Morée, en Albanie, en Epire, qui lui avait enlevé l'Egypte, que les Anglais lui ont rendue !

Les Russes ont pris les devants; ils occupent la Moldavie et la Valachie, ils bordent le Danube. Le sultan sera la victime de sa déclaration de guerre irréfléchie. Mais qu'importe à Buonaparté? C'est un trône de plus renversé. Il lui est égal que ce soit *par* lui ou *pour* lui. Il eût sacrifié, il y a peu de temps, cette puissance à la Russie et à l'Autriche, si elles eussent consenti à en partager les dépouilles avec lui.

Mais cette branche de son plan n'en est pas moins extravagante et exagérée; elle ne lui donnera aucun appui réel. Le sultan, mieux conseillé, désabusé par ses revers, fera bientôt la paix avec le juste, le magnanime empereur Alexandre; chassera l'agitateur Sébastiani et

3

toute sa sequelle dangereuse, et finira par se joindre au reste du continent, contre son tyran.

III.

Diversion de la Perse.

Buonaparté n'est entouré que de flatteurs, qui égarent *sa pensée*. Un Jaubert l'a persuadé qu'il pouvait entraîner la Perse entière, et la lancer contre la Russie. Ignorait-il, a-t-il caché à son maître, que ce royaume est déchiré par vingt compétiteurs que rien ne peut réunir; que depuis vingt ans les Persans reculent contre des armées russes très-peu nombreuses; que, si l'Empereur de Russie, pour ne pas distraire ses armées de la guerre de Pologne, veut se contenter d'une guerre défensive entre la mer Caspienne et la mer Noire, au moins pour quelque temps, il a un front assez étroit à défendre, pour que tous les Persans réunis, ce qui est moralement impossible, puissent pénétrer jusqu'en Georgie?

Et voilà les ennemis que Buonaparté veut susciter contre la Russie! Voilà la diversion qu'il prétend opérer! Rien n'égale le délire de cette branche de son plan, que la faiblesse des moyens de la Perse.

IV.

Séduction du Roi de Suède.

L'immoralité absolue de Buonaparté est bien connue; mais il vient de donner la preuve qu'elle obscurcit sa raison. Le Roi de Suède est renommé par ses qualités supérieures, par un caractère inflexible, et surtout par une probité aussi noble que scrupuleuse. Buonaparté, jugeant de son âme par la sienne propre, a assaisonné de flagorneries l'insinuation qu'il lui a fait faire de s'allier avec lui, en acceptant la restitution qu'il lui ferait de toutes les provinces enlevées aux rois ses prédécesseurs. Par-là, il engageait le Roi de Suède dans une guerre contre l'empereur Alexandre, plus dangereuse pour ce dernier, que même celle que Buonaparté allait conduire par lui-même. La noblesse du Roi de Suède s'est révoltée contre des propositions aussi insultantes. Il les a rejetées avec le mépris qu'elles méritaient; et cette nouvelle preuve de la grandeur d'âme de ce monarque, en lui assurant l'admiration de son siècle, la reconnaissance de l'Empereur de Russie, et la profonde estime de l'Angleterre, doit engager ces deux puissances à serrer plus

3.

étroitement les nœuds de leur alliance avec
lui, à l'investir de leur entière confiance, et à
lui donner, ainsi qu'à sa respectable nation,
les moyens pécuniaires pour ressusciter le grand
Gustave-Adolphe et ses invincibles légions.
Son âge, son courage, sa vigueur, l'exemple du
héros dont il porte le nom, tracent sa carrière
qu'une froide et timide politique a arrêtée
jusqu'ici, parce que les ministres s'y sont trop
livrés dans une guerre qui exige, de leur part,
de l'enthousiasme pour électriser les peuples.

Cette branche du plan de Buonaparté était
mal calculée, comme les précédentes; elle le
couvre de mépris, et tournera bientôt contre
lui-même. Quand le crime avertit la vertu des
embûches qu'il lui tend, il la rend plus forte
et plus terrible.

V.

Opérations de Buonaparté en Pologne.

Cette cinquième branche de son plan contre
la Russie ne devait marcher qu'avec les quatre
autres; si ce conquérant avait pu employer
le moindre bon sens pour calculer, qu'isolée,
elle l'exposait trop, et trop loin de son empire;
qu'il laissait derrière lui l'Allemagne à moitié

révoltée, et dans un cahos politique qui pouvait le priver de tous secours, et de retraite en cas de disgrâces ; que le Roi de Suède, restant maître de Stralsund et de l'ile de Rugen, pouvait y rassembler une armée, au moyen d'un traité de subsides avec l'Angleterre ; établir une guerre offensive dans la Basse-Allemagne, en chasser ses troupes clairsemées ; et, en appelant à lui les peuples insurgés, former une grande armée sur ses derrières, et le couper entièrement d'avec la France, il ne se fût pas enfourné avec une témérité fougueuse.

Il voulait décider du sort de la Russie dans une bataille générale. Mais s il eût réussi, que fût-il devenu ? Il avait encore deux cents lieues à faire dans une saison rigoureuse, de grands fleuves à traverser, dont on lui aurait disputé le passage, de nouvelles armées à combattre. C'eût été la marche d'Alexandre dans l'Inde ; son armée eût refusé de marcher en avant, comme celle du conquérant grec, et l'eût forcé de revenir au moins sur la Vistule.

Ainsi cette branche de son plan, aussi mal combinée que les quatre autres, dépendant politiquement et militairement de leur succès, prouve que tout ce qui sort de cette tête fumeuse est mal arrangé, gigantesque, exagéré, et sent plus l'aventurier heureux, comptant sur sa fortune, que le grand général et l'habile politique.

Examinons à présent les fautes qu'il a faites, dans la conduite de cette guerre, comme général. 1°. Il a quitté les bords de l'Oder avec la précipitation la plus imprudente, laissant derrière lui toutes les places de la Silésie entre les mains des Prussiens, et commettant la soumission de cette province aux médiocres troupes de ses alliés allemands, dans le temps même que ses cruelles exactions desespéraient les Hessois, les Saxons, et faisaient lever un germe d'insurrection, qui lui serait devenu funeste sur-le-champ, si l'Autriche lui eût présenté un fort appui en se déclarant, et faisant déboucher son armée entre le Mein et l'Elbe. Cette simple marche eût mis toute l'Allemagne en feu, eût dissous la ligue du Rhin, et eût fait rentrer le Roi de Prusse dans ses États, escorté de cent mille Russes.

2°. Son armée, après une campagne aussi rapide dans l'arrière-saison, après des marches aussi fatigantes, aussi longues, pour poursuivre

es différents corps échapés à la déroute d'Yéna,
après la perte en tués, blessés, malades, que
ui avaient coûté cette grande victoire, et les
combats partiels qui avaient achevé l'anéan-
issement de cette puissance militaire, cette
armée avait besoin d'armes, de réorganisation
même, pour réparer les désordres qu'y avaient
nécessairement introduits des victoires aussi
brusques, aussi hors de l'ordre naturel de la
conduite d'une guerre régulière. Tout autre
général, tout autre conquérant aurait donné
à ce repos nécessaire, au rétablissement de
l'ordre dans son armée, à un arrangement solide
pour l'Allemagne asservie, aux négociations
avec l'Autriche, avec le Roi de Prusse, avec la
Russie même et avec l'Angleterre, tout le temps
de l'hiver. Par cette conduite prudente, il
aurait assuré ses derrières par la soumission de
la Silésie, de Dantzick, de Colberg, et surtout
de Stralsund, qui deviendra bientôt un de ses
principaux dangers.

Il serait entré en campagne au printemps,
à la tête d'une armée fraîche et puissante, ren-
forcée de cent mille Allemands; et sa première
marche n'eût été qu'un triomphe au moins

jusqu'à la Vistule. En supposant que les Russes eussent profité de ce repos pour dévaster toute la contrée entre l'Oder et la Vistule, il eût ramassé sur l'Oder des magasins dont il se fût fait suivre, ayant à sa disposition tous les chariots et les chevaux de lAllemagne entière. Ainsi il eût établi facilement ses magasins par échelons, et n'eût jamais pu être arrêté par la disette.

Alors il eût été chercher son ennemi au-delà de la Vistule, pendant que les Turcs auraient eu le temps d'assembler leur armée, qui ne put l'être tout au plus qu'en avril ou en mai, pour menacer le flanc gauche des Russes; alors les Polonais, préparés par des agitateurs pendant l'hiver, pourvus par lui d'armes et d'habits, qu'il aurait fait suivre avec ses magasins, se seraient levés sous la protection de son armée triomphante, non pas intempestivement, étourdiment et partiellement, comme ils l'ont fait, mais par un mouvement régulier et national. Alors, ou l'ennemi se serait retiré devant lui; en ce cas, toute la Pologne eût été soulevée; une forte armée de cette nation régénérée, avec un corps français, se fût portée

sur Moscou, et une autre se fût jetée sur l'U-
kraine, pour donner la main aux Turcs, dont
la diversion fût devenue terrible;

Ou l'ennemi aurait voulu, comme le Roi de
Prusse, soumettre son sort au hasard d'une
bataille ; en ce cas, il eût été maître du choix
du terrain, de l'époque, et probablement avec
une armée plus nombreuse que celle des Russes,
avec des diversions bien établies, avec des magasins placés à sa volonté, toutes les chances
eussent été en sa faveur: ou, enfin, l'Empereur
de Russie se fût décidé à faire la paix ; en ce
cas, il en eût dicté les conditions, et toute
l'Europe eût été soumise.

Cette marche était trop régulière, trop calculée, pour entrer dans *la pensée* du fougueux
Buonaparté. Son âme haineuse et ignoble avait
pour objet d'anéantir très-promptement la
noble et intéressante Reine de Prusse, qu'il
avait la bassesse d'insulter continuellement
dans ses bulletins et ses propos *de caporal. Il
voulait*, disait-il, *lui enlever sa dernière che-
mise.* Tel est l'homme abject que l'Europe
paraît encore respecter !

C'est cette vile vengeance qui a précipité ses
mouvements. Sans faire la moindre réflexion

sur la dureté et l'inclémence du climat, sur la pauvreté du pays qu'il fallait traverser, sur les mauvais chemins, les lacs, les forêts, qui suffisaient seuls pour arrêter sa marche, sur l'énorme fatigue et les dangers de toute espèce qui allaient épuiser une armée à laquelle un repos et de bons quartiers d'hiver étaient nécessaires pour réparer ses pertes; sans consulter la prudence et l'humanité, il s'est avancé comme un fou en Pologne.

Arrivé sans obstacle à Varsovie, la seule précaution qu'il ait prise avec méthode, et conformément aux règles de l'art, a été de faire un camp retranché pour établir une tête de pont à Praga; mais entraîné par sa fougue, il ne s'est pas arrêté à cette disposition vraiment militaire, qui le mettait à portée de réparer toutes ses premières imprudences.

Les Prussiens et les Russes lui avaient abandonné Thorn, qui paraissait le pivot de leur défensive. Ils occupaient, à la vérité, Graudentz; mais ils avaient négligé Marienwerder et Elbing; ainsi Dantzick restait isolé et sans communication, les Prussiens n'étant pas postés en échelons pour soutenir cette place, qui d'ailleurs, située sur la rive gauche de la

Vistule, couverte uniquement par des fortifi-
cations de campagne élevées à la hâte, ou
aurait été enlevée d'un coup de main, ou
n'aurait coûté qu'un léger siége.

Il semble donc que Buonaparté aurait dû,
vu la rigueur de la saison, le manque de subsistances en avant de lui, prendre dès-lors ses
quartiers-d'hiver, en concentrant son armée
entre Varsovie et Posen, et soumettant avec
son aile gauche, Dantzick, pour être maître
de toute la Vistule, depuis Czerck jusqu'à
la mer, pendant que des corps séparés auraient
soumis derrière lui les places de la Silésie,
Colberg et Stralsund.

Mais ces dispositions prudentes rentraient
trop dans un ordre méthodique, dont il s'é-
tait écarté dès le début de sa campagne d'hiver, pour y revenir. Il voyait devant lui cette
armée russe qu'il avait battue à Austerlitz, et
qu'il croyait fermement devoir toujours battre.
Cette armée s'était retranchée à Pultusk, d'où,
sa droite, communiquant avec les faibles restes
de l'armée prussienne, couvrait Konigsberg,
où était la Reine de Prusse, que la rage de
Buonaparté poursuivait sans relàche.

Alors il a passé le Bug et la Narew, pour

aller attaquer les Russes à Pultusk. Il a couvert de lignes et de têtes de ponts ces deux rives. C'était au moins un travail inutile. S'il gagnait une bataille décisive, ces lignes devenaient superflues. S'il était battu complétement, c'était une retraite dangereuse. Les Russes n'auraient pas même eu la peine de les attaquer; faisant passer un gros corps au-dessus ou au dessous de Varsovie, ils l'auraient forcé de les abandonner pour venir se replacer au moins derrière la Warta, et peut-être derrière l'Oder, suivant le plus ou moins d'audace et de vigueur que les généraux russes auraient mis dans la poursuite de leurs avantages.

La bataille de Pultusk, que, par un mal entendu, le brave général Beningsen a soutenue avec sa seule division contre l'armée toute entière du vainqueur d'Austerlitz, a été très-glorieuse pour les Russes, très-contestée, très-sanglante et très-indécise. Le général Beningsen s'est retiré avec beaucoup d'ordre, et emportant l'honneur de la journée, qui n'a procuré aucun avantage au *prétendu* vainqueur, dont les bulletins mensongers, composés par l'état-major de Buonaparté pour tromper la France, et faciliter la conscription, ont peint les

Russes fuyant en déroute jusqu'à Grodno, au-delà du Niémen.

Le résultat nécessaire de cette prétendue victoire était de marcher sur Konigsberg, pour aller encore parader dans une capitale, et, en vrai brigand, la dépouiller comme Vienne, Dresde, Berlin, Cassel, et les villes anséatiques. Les généraux Bernadotte et Ney ont été chargés de cette expédition; mais le général Beningsen, récompensé de sa bonne conduite à Pultusk, par le commandement en chef, renforcé considérablement de ces mêmes Russes, qu'on disait en pleine déroute, s'était rapproché de Konigsberg, et est venu battre ces deux généraux français à Moringhen. Alors autres bulletins mensongers; grande victoire, déroute complète des Russes.

Mais Buonaparté qui savait la vérité, a jugé nécessaire de marcher en personne contre ce général russe, toujours battu, toujours en déroute dans les bulletins français. Le général Beningsen a fait devant son ennemi supérieur une retraite très-savante et très-ferme pendant plusieurs jours, et s'est retiré dans sa forte position d'Eylau, où il a attendu la bataille qu'il a gagnée, et qui a coûté à Buonaparté ses meilleurs officiers et la fleur de ses soldats.

Les bulletins mensongers ont encore cherché à atténuer la gloire et les avantages des Russes ; mais, pour en découvrir la fausseté, il ne faut qu'en considérer les résultats. Si la victoire de Buonaparté était si complète, si les Russes étaient fuyant dans toutes les directions et en pleine déroute, toute leur artillerie, leurs magasins perdus, des corps entiers coupés, nous aurions appris que Buonaparté était entré dans Konigsberg, dont il était si près, où il aurait trouvé des magasins suffisants pour son armée entière, et qu'il aurait au moins fait hiverner son aile gauche dans cette capitale, et l'auroit cantonnée entre la Pregel et la Memel pour achever de détruire cette armée en déroute, la couper d'avec la Lithuanie, et se mettre en état d'ouvrir la campagne au printems, sur la Memel et le Niémen.

Nous voyons au contraire, que, le 8 au au soir, le champ de bataille est resté aux Russes; que le général Beningsen a daté son rapport officiel d'Eylau, le 9; qu'il ne s'est retiré que le 10 derrière la Pregel, pour se rapprocher de ses magasins et de ses renforts; que Buonaparté s'est avancé à Eylau, quand

les Russes l'avaient évacué, pour y parader,
et dater le 16, d'Eylau, où il n'était déjà plus,
une proclamation pleine d'exagérations, dans
laquelle il annonce qu'il se retire dans ses an-
ciens quartiers d'hiver. Voilà donc le fruit de
cinq batailles gagnées en cinq jours, dans
lesquelles l'ennemi, toujours en déroute, a
toujours attaqué, et a toujours résisté avec
une valeur et une constance que les bulletins
ne peuvent s'empêcher de citer avec éloge!

Ces mêmes bulletins sont pleins de contra-
dictions et d'aveux indiscrets. Il s'est glissé,
surtout dans le soixantième, un article remar-
quable :

« Du côté de Willenberg, trois mille pri-
» sonniers russes ont été délivrés par un parti
» de mille cosaques. »

Willenberg est de quinze à vingt lieues en
arrière de Preussich-Eylau, sur l'Omulcio,
au sud-est des lacs et de Passenheim, d'où
Buonaparté a débouché le 4, pour gagner
toutes ses batailles, jusqu'au 8 au soir. Ces
mille cosaques, d'où viennent-ils? Comment
ont-ils débordé aussi loin l'aile droite des
Français? Ils font sans doute partie de ces
corps coupés, qui, dans leur consternation,

se permettent des singeries sur les derrières de l'armée française, et la coupent à son tour.

Au reste, cette énigme se trouve expliquée par le combat du 16 février, d'Ostrolencka, métamorphosé en victoire par un des derniers bulletins français, où on retrouve le général Essen, *échappé de la déroute d'Eylau*, attaquant le général Savary sur les deux bords de la Narew. Donc, tous les Russes ne sont pas retirés derrière la Pregel ; donc il leur reste encore assez de force et de courage pour aller attaquer l'ennemi à vingt ou trente lieues du champ de bataille ; donc il n'y a pas eu de victoire décisive ; donc la retraite de Buonaparté, qui s'était mis en campagne, en annonçant qu'il allait exterminer les Russes, et s'emparer de Konigsberg, est une reculade honteuse, nécessitée autant par les mouvements hardis des Russes, derrière sa droite, que par le manque de subsistances, et par la diminution de son armée.

Et voilà justement comme on écrit l'histoire !

Cette analyse abrégée des trois plus brillantes campagnes de Buonaparté, démontrent mathématiquement qu'il a été toute sa vie plus heureux qu'habile ; que, n'ayant jamais éprouvé de revers, parce qu'il a toujours eu en tête des généraux effrayés, ou maladroits, ou circonscrits dans leurs opérations par des plans et des ordres de cour absurdes, il ne s'est jamais assujéti aux règles de l'art militaire, et n'a jamais calculé les chances de la guerre, les localités, ni les obstacles des saisons ; qu'abusant du courage de ses excellentes troupes, il ne compte pour rien la dépopulation de la France, qu'il a épuisée jusqu'à présent par ses victoires, et qu'il achèvera dorénavant d'anéantir par ses défaites ; que son ambition, et l'élévation de son abjecte famille ne peut être satisfaite que lorsque sa fureur aura dévasté toute l'Europe, l'aura couverte de misère, et inondée de sang, surtout de celui des malheureux Français.

Il est cependant à espérer que le terme de ses excès, de ses témérités, de ses conceptions, encore plus folles qu'audacieuses, est arrivé ; que l'Europe entière, mais surtout la nation française, sentira la nécessité d'anéantir un pareil fléau, de briser cet idole de la sottise, de l'illusion et de la terreur.

Les Russes ont déjà prouvé qu'ils ne craignent ni ses armes ni ses projets. Lorsque l'Empereur Alexandre aura déployé contre lui ses immenses moyens; lorsque, par des manœuvres savantes, les généraux russes, en s'étendant, auront débordé ses deux ailes, et l'auront placé dans le fond d'un angle rentrant, dans lequel il sera d'autant plus pressé par ses deux flancs qu'il ira plus en avant; alors, gagnât-il même des victoires plus réelles que celles dont il se vante avec autant d'impudence que de fausseté, il faudra penser à la retraite, pour se remettre en communication avec la France et l'Allemagne, pour recevoir ses conscrits, de l'argent, des armes, des habits, des subsistances : c'est où l'attendent les gens de l'art pour achever de le juger.

S'il peut forcer le passage de la Pregel, quand son armée sera remise en état de se porter en avant, il aura encore devant lui la Memel et le Niémen, défendues par des armées fraîches, dont il connaît la constance inébranlable; s'il passe le Niémen et la Pregel, et s'il s'enfonce dans les déserts et les forêts de la Lithuanie, il trouvera encore la Dwina bien plus difficile à surmonter, et il sera encore à cent lieues de Pétersbourg; cependant sa droite sera entièrement enveloppée par une armée aussi nombreuse que la sienne, pendant qu'une autre armée de la même force lui disputera l'entrée de la Courlande et de la Livonie. Il n'aura pas même la ressource dangereuse d'une bataille générale et décisive. Les Russes lui disputeront, pied à pied, ces contrées difficiles, où il ne trouvera ni magasins, ni ressources d'habillement ni d'armement, ni argent; il faudra qu'il tire tous ses moyens de deux cents lieues; la moitié de son armée sera employée à couvrir des communications trop faibles, parce qu'elles seront trop prolongées; elles seront menacées, interrompues, coupées, et son armée périra victime de la faim, de la fatigue, de la nudité, du climat dur, du fer des Russes, et surtout, de l'extravagante ambition de ce conquérant enragé.

Laissons courir ce fou à sa perte, les Russes seuls sont suffisants pour en purger la terre. Plaignons les braves soldats, devenus la plupart, malgré eux, les satellites de ce tyran du Monde. Tournons nos regards derrière lui. Tous ses moyens de grande défensive arrangés, il restera encore assez de troupes à l'Empereur Alexandre pour détacher par la Baltique, dans sa *Scherenflote*, vingt mille hommes,

qui peuvent joindre, dès le printemps, le Roi
de Suède dans l'île de Rugen.

Ce jeune monarque, à l'exemple du grand
Gustave-Adolphe, développera en Poméranie,
avec le secours russe et le subside anglais, une
armée de cinquante mille hommes ; et, s'étendant dans la Basse-Saxe depuis Dantzick et
Colberg jusqu'à Hambourg, doublera cette
armée avec les insurgents de la Prusse, de la
Hesse, passera l'Elbe, délivrera la Prusse et
la Saxe, et établira une grande guerre au
centre de l'Allemagne, à laquelle se joindra
nécessairement l'Autriche. Qui s'opposera à
ces deux grands orages s'étendant du Danube
à la mer Baltique ? La faible ligue du Rhin ?
Non, elle se dissoudra, et chacun de ses
membres expiera sa faiblesse, en joignant
Gustave et l'Empereur d'Autriche pour délivrer l'Allemagne.

Le sensible, le philantrope Buonaparté, cet
être bienfaisant qui ne respire que pour le
bonheur du Monde, qui offre la paix à tout
moment, qui ne répand le sang, ne pille les
propriétés, n'opprime et n'avilit les peuples
que par l'impulsion d'une délicate fraternité,
rentrera en Allemagne le fer et la flamme à la

main, jettera les hauts cris sur la perfidie d'une nation égarée qui se refuse à la félicité dont il la comble, attribuera cette erreur criminelle au machiavélisme et à l'or de l'Angleterre, et cherchera à effectuer une retraite difficile au travers de ces peuples ingrats, et de rentrer en France, où il rencontrera la même ingratitude.

Regardons encore plus loin. La nation portugaise qu'il a tant pressurée et avilie, qu'il fait menacer depuis plusieurs années d'être effacée de la liste des nations, pour devenir une province de l'Espagne, profitera de l'éloignement du *Conquérant du Nord*, qui est à huit cents lieues, traînant à sa suite toute la force militaire de France et d'Italie, pour reprendre son ancienne énergie, recouvrer sa liberté et son honneur, se délivrer des tributs arbitraires dont elle est accablée, et aider la nation espagnole à en faire autant. Ce seront encore deux peuples aveugles et ingrats qui échapperont à la bienveillance de l'*Auguste* moderne.

Peut-être même encouragés par l'impunité, puisque, vu son éloignement, il ne pourra les atteindre, pousseront-ils, pour assurer leur

liberté, leur audace criminelle jusqu'à cou-
ronner les Pyrénées, et jeter des escadres et
des troupes sur les côtes du midi et de l'ouest
de la France pour protéger les insurrections
des provinces, qui trouvent mauvais qu'on
arrache la fleur de leur jeunesse de ses foyers
pour aller asseoir une famille aventurière sur
tous les trônes de l'Europe, et qui ne voient
la fin de ces guerres ruineuses et dévorantes,
la cessation du gouvernement militaire et des-
potique, et le retour de la sûreté des propriétés, des lois, de la morale, du commerce,
des manufactures, de la vraie liberté, du
bonheur de la France, et de la paix universelle de l'Europe, que dans le rétablissement
ment des Bourbons sur un trône qui leur est
bien dû, en expiation du martyre du vertueux
Louis XVI, et de leurs longues souffrances.

Tels sont à l'ouest les dangers qui menacent
le *grand* Buonaparté. Il n'a pas pu les prévoir
ni les tracer dans *sa pensée*. Le défaut des
âmes pures est la confiance. Ce prince, juste
et clément, peut-il soupçonner qu'il a des
ennemis?

Jetons les yeux sur l'Italie. Pendant que
Buonaparté dégarnit cette contrée de troupes,

pour en faire refluer une partie sur son armée triomphante de la Pologne, et pour envoyer l'autre conquérir les montagnes un peu sauvage des Monténégrins de la Dalmatie, de l'Albanie, de l'Epire, et vraisemblablement de la Morée, provinces qu'il compte garder comme la récompense du grand service qu'il rend à la Turquie, en la faisant entrer en guerre contre la Russie; les Anglais ont rassemblé plus de vingt mille hommes en Silésie *Sicile*, qui menacent d'aller chasser de Naples le Roi Joseph, qui, à la vérité, sera bien défendu par l'amour des Napolitains, charmés de son génie, de sa clémence et de son désintéressement. Si, malgré toutes ses vertus et ses grands talens militaires, il est obligé de céder le trône au souverain légitime, et de fuir, le feu de l'insurrection qui couve dans l'Italie depuis que les Français y dominent, éclatera très-vite, et s'étendra jusqu'aux Alpes. Alors l'esprit de rébellion contre le *grand* Buonaparté et son *auguste* famille pénétrera dans le Midi, pendant que les provinces du Nord, la Hollande, la Belgique, les départements du Rhin, la ligue helvétique, excités par l'insurrection de l'Allemagne, appuyés par ces

terribles Anglais (1), par les puissances du
Nord, par la Suède, la Prusse, l'Autriche,
s'insurgeront aussi pour reconquérir ce qu'ils
nomment leur liberté. Alors il restera pour
alliés à Buonaparté, les Persans; peut-être les
Turcs, et *sa pensée*. Il aura contre lui toute l'Europe désespérée, et surtout la France désabusée.

Quittons l'ironie, et parlons de la France.
Puisque son tyran, incapable d'aucun sentiment d'humanité, de réflexion sur ses propres
dangers, et sur les calamités de toute espèce
qu'il accumulera sur elle, soit qu'il triomphe,
soit qu'il succombe, a la folie de continuer
ses projets extravagants, et la maladresse de
les conduire sans calcul et sans prudence, et
de faire dépendre d'un jeu de hasard terrible
le sort de son siècle, il est temps, s'il existe
encore en France des citoyens sages et cou-
rageux, qu'ils détrompent la nation, qu'ils lui
prouvent que son existence sociale tient à la

---

(1) Le courage de la nation anglaise ne peut plus rester
comprimé par une inaction dont elle murmure. Les vain-
queurs de Maida ne peuvent plus rester en Sicile. Le gouvernement britannique peut terminer cette guerre, et
porter le coup mortel à Buonaparté; il le doit à ses alliés et
à lui-même.

suppression d'un seul homme, dont l'existence est la honte de la France et le fléau de
l'univers. Ce drame sanglant et ridicule ne
peut se terminer que par la catastrophe du
héros de la pièce. Si elle est le résultat d'une
guerre mal entamée, mal conduite, dont toute
la génération présente est la victime à cinq
cents lieues de sa patrie, la France en subira
tout le dommage, et sera la plus à plaindre
des puissances de l'Europe.

Cette glorieuse armée, dont les premières
victoires étaient justes, parce qu'elles étaient
une noble résistance à une guerre d'invasion
et de spoliation, devenue de jour en jour une
horde de brigands de toutes les nations, sans
autre lien d'ensemble que l'amour du pillage,
du désordre, de l'injustice et de la cruauté;
cette armée, qui fait la force du tyran, auquel
l'attachent la terreur, la démoralisation totale,
la licence, et l'exemple de quelques chefs
heureux, premiers satellites de Buonaparté,
qu'il élève à des dignités dérisoires, et qui ne
peuvent se maintenir qu'autant qu'il régnera;
cette armée est devenue l'école de corruption
de toute la jeunesse française. Plus cette
affreuse guerre durera, plus cette jeunesse sera

pervertie. Elle rentrera dans le sein de ses
parents, ne connaissant de patrie que ses drapeaux, de loi que la violence. Elle sera à la
disposition du premier aventurier audacieux
qui renversera son idole actuelle, ou lui
succédera.

Français! hâtez-vous de dessiller les yeux
de cette armée, avant qu'elle revienne combler
votre esclavage. Sortez-la des mains de ses
désorganisateurs; prouvez-lui bien que son
chef n'est ni un politique sage, ni un adminis-
trateur habile, ni un grand général. Séparez-la
de ces hordes étrangères qui la corrompent et
l'oppriment, de ces gendarmes, jadis la terreur
des brigands, et les exécuteurs de ses vengeances. Rappelez cette jeunesse dans sa patrie,
empêchez de partir les nouvelles conscriptions,
faites rentrer ces troupes de ligne, vraiment
françaises; et si le tigre altéré de leur sang,
doit, sur votre ordre, rentrer en France avec
elles, qu'il y rentre enchaîné!

S'il revenait à leur tête, soit vainqueur, soit
vaincu, c'est contre vous qu'il tournerait ses
vengeances et sa rage. Vos enfants seraient les
aveugles instruments de son despotisme inflexible; ils deviendraient les satellites du

crime, et les bourreaux de l'innocence ; ils deviendraient le fléau de l'humanité, et produiraient une génération encore pire qu'eux, qui deviendrait l'horreur du genre humain.

La seule partie qui ait, non pas excusé, mais diminué l'odieux caractère des crimes de la révolution, est le courage invincible de l'armée française, tant qu'elle a versé son sang pour la gloire et pour le salut de la patrie. C'est alors que la nation a mérité l'estime de toute l'Europe, qu'elle s'est couverte de gloire. Tout a changé pour elle, dès qu'elle s'est aveuglément dévouée à l'injustice et à l'ambition d'un heureux aventurier qui l'a enveloppée d'illusions, de séductions, et d'esprit de rapine.

Le sentiment de la patrie et de la vraie gloire ne peut pas être entièrement éteint dans ces respectables vétérans qui ont triomphé en Champagne, dans la Belgique et sur les bords du Rhin. Ils respectaient leurs généraux, parce qu'ils les estimaient, et ne les craignaient pas. Ils voulaient la liberté de leur patrie sous un gouvernement ferme et une monarchie légitime. Aucun d'eux n'a versé le sang de son Roi ; loin de lui, ils n'ont pas pu le défendre.

Ils ont eu horreur de ce crime, et ils l'auraient vengé.

C'est à ceux de ces braves vétérans, dont l'âme héroïque a résisté à tous les genres de séduction que l'anarchie leur a présentés pour en faire les satellites de la tyrannie, à éclairer les jeunes conscrits, à les ramener aux vertus militaires, à la vraie gloire, et à les rendre à leur patrie. C'est au sénat, au tribunat, au corps législatif, aux administrations à rappeler autour d'eux ces légions invincibles, pour renverser, avec moins de commotion possible, les courtisans du Corse, les vils et cruels instruments de sa tyrannie. On verra, avec surprise, combien ils sont peu nombreux, et combien ils seront peu fidèles à leur idole, dès que la nation aura expliqué sa volonté par ses organes.

Attendra-t-on que tous les peuples de l'Europe se réunissent contre ce moderne Attila que le prestige d'invincibilité ne soutient plus; que l'Allemagne, au désespoir, s'insurge en corps de nation, et ferme la retraite; que les peuples de l'Ouest et du Midi se joignent aux ennemis du Nord et de l'Est; que les Hollandais et les Suisses secouent un joug de fer?

Alors il sera trop tard. Si c'est par les armes des Russes et des Allemands que Buonaparté reçoit le châtiment de son ambition effrénée, de ses cruautés, de ses rapines, de son extravagance, alors le sang des braves Français aura coulé loin de leur patrie; cette armée, la terreur du Monde, sera anéantie; la France aura perdu ses défenseurs, et restera toute ouverte à la vengeance des peuples, que, par un vil fanatisme pour sa monstrueuse idole, elle opprime depuis plusieurs années.

Français! prévenez ce danger trop mérité; c'est à vous à briser cette idole que vos mains ont élevée, et à laquelle vous sacrifiez le plus pur de votre sang, votre liberté, votre gloire, et les vertus sociales qui vous distinguaient autrefois. C'est à vous à venger l'univers que vos excès étonnent et mettent au désespoir.

La marche de toutes les révolutions est la même. L'insurrection contre un gouvernement légitime a toujours pour prétexte les abus des gouvernants, et pour cause réelle, leur faiblesse. La nation ne veut que réformer; mais des scélérats audacieux s'emparent de sa confiance, l'égarent; elle renverse le trône, détruit

les lois, la religion, brise tous les liens sociaux.
Le renversement des premières institutions
amène l'*anarchie*; le peuple, à qui on fait
croire qu'il est souverain, s'imagine avoir formé
une *république*. Un scélérat audacieux s'empare
de l'armée, prend le titre superbe d'Empereur;
le prétendu peuple souverain devient esclave,
et voilà le *despotisme*. Les excès, les extra-
vagances de ce tyran obscur, et au-dessous de
ce titre pompeux, renversent le despotisme.
Alors, la nation désabusée se rattache à la
monarchie, qui est le port dans la tem-
pête.

Français! votre révolution est finie; vous
en avez péniblement parcouru toutes les
phases. Terminez-la vous-mêmes spontané-
ment, avant que de plus grandes calamités ne
vous violentent. Replongez dans la fange la
race impure qui souille le trône. Faites cesser
cette farce *des Valets Maîtres*, qui ne serait
que ridicule, si elle n'était pas épouvantable.
Reprenez votre religion, vos souverains légitimes, vos lois, vos mœurs; rendez la paix à
l'Europe; redevenez sages et bons, et vous
redeviendrez heureux.

FIN.

www.ingramcontent.com/pod-product-compliance
Lightning Source LLC
LaVergne TN
LVHW022019080426
835513LV00009B/793